Franz Voß

Welch schönes Antlitz ist in deinen Staub gemalt

Texte der Zuversicht

GLAUKOS

Meinen Kindern, Schülern und Mitarbeitern

Photos: Uwe Dettmar, Frankfurt
Lektorat: Dr. Peter Jentzmik
klein-druck, Steeden
Printed in Germany

ISBN 3-930428-11-3

Inhalt

Vorwort

In seinem Buch „Die sterbende Kirche" läßt Edzard Schaper den Diakon Sabbas zum Knaben Kolja sprechen: „Das Kreuz, das zerschlagen auf einem eingesunkenen Grab liegt, zeigt, daß das Kreuz der Welt, in dem wir rechten Glaubens leben, daniederliegt und daß das Grab darunter ohne Tröstung und Gewißheit auf den Sieg der Erlösung ist."[1] In Gesprächen mit jungen Menschen und aus der Hörerreaktion auf einige der vorliegenden Texte, die in den beiden letzten Jahren als „Zuspruch am Morgen" im Hessischen Rundfunk gesendet wurden, wurde mir das Wort Schapers zur bedrängenden Gewißheit. Sie trieb mich, erneut ein Buch mit Texten der Zuversicht vorzulegen, die die Hoffnung zum Ausdruck bringen, die ein Wort von Nelly Sachs ausstrahlt: „Welch schönes Jenseits ist in deinen Staub gemalt."[2]

Franz Voß

Hiob

Unverhofft
überraschend
verhängtes
Leid

erinnert
bekümmert
gedenkt
Gott

Warum?

Die Frage nach dem *Warum* ist eine der bedrängendsten Fragen der Menschheitsgeschichte. Warum ist das Böse in der Welt? Warum gibt es Leid? Warum muß man sterben? Warum gibt es Enttäuschung und Mühsal? Warum läßt Gott das zu oder will er es sogar? Wenn es soviel Leid in der Welt gibt, kann man dann noch einen gnädigen Gott glauben?

Nur Toren werden diese Frage leichtfertig und schnell beantworten wollen. Ich sehe keine allgemeingültige, schlüssige Antwort, die etwa mit dem *Darum* einzuleiten wäre. Bleibt also die Frage: Wie gehe ich mit diesem Zustand um, wie kann ich als Mensch, der ich von diesen Fragen bedrängt werde, aufgefangen werden? Gibt es eine Antwort für mich, mit der ich leben kann? Ich meine, ja. Die Konsequenz aus der Frage *Warum* braucht nicht der Zweifel an der Wirklichkeit Gottes zu sein, braucht nicht das „Gott ist tot" zu sein. Diese Antwort ist genau so zu schnell, wie ein leichtfertiges, schnelles Erklärenwollen. Was wissen wir denn schon von Gott? Unsere Zeit ist die Zeit der schnellen Antworten, und manchmal habe ich den Eindruck, daß wir die Verborgenheit Gottes so stark zu spüren bekommen, nicht um ihn zu verlieren, sondern um ihn neu zu finden. Es gibt Fragen, die sind nicht im Tempo schneller Informationsmedien zu haben, ihre Antwort muß errungen werden, und dazu gehören die eben angeschnittenen Fragen. Ein biblisches Beispiel dafür ist Hiob:

Ein Mensch, der mit allem Erdenklichen an Grausamkeit

geschlagen wurde und zunächst unter den Schlägen geduldig ausharrt, bis er nicht mehr kann und zu guter Letzt auf dem Scherbenhaufen seines Lebens sitzt, der schimpft, sich gegen Gott auflehnt, mit ihm ringt und ihn bis zum *Geht nicht mehr* in die Schranken fordert. Da begegnet ihm Gott, und sein Glück kehrt zurück. „Vom Hörensagen nur hatte ich von dir vernommen; jetzt aber hat mein Auge dich geschaut."[3] Das ist es! Wir Menschen müssen manchmal in die letzte Frage hinein, in die letzte Vergessenheit, um Gott wirklich kennenzulernen, um die Erfahrung der letzten Treue Gottes zu machen, den wir bisher nur vom Hörensagen des Religionsunterrichtes und der Gottesdienste kennen. Wir bekommen damit auf unsere einzelnen Fragen nur bedingt Antwort, aber uns *wird* Antwort in der Gottesbegegnung, so wie die Dichterin Nelly Sachs sagt: „Alles Vergessene gedenkst du von Ewigkeit her."[4]

Wir erleben die Bedrohung und Hinfälligkeit der eigenen Existenz in der Deutlichkeit der Jahre und werden so geleitet, das Leben dahin zu verstehen, daß es nur zu leben ist, wenn es in Gott gegründet ist. Da werden die einzelnen Fragen des Lebens unwichtiger, wenn ich glaubend erfahre, daß ich trotz allen Leidens der Welt kein Vergessener, kein Verlorener bin. Wenn ich glauben kann, dann gibt es ein Gedächtnis über mir und der Welt und nicht, wie Gottfried Benn sagt, „einen leeren Raum um Welt und ich."[5]

Wie erfahre ich das? Vergangene Zeiten haben es so versucht: Sie betrachteten den Kreuzweg Christi und fanden all das wieder in ihrer Meditation, was sie selbst bewegte.

Sie gingen mit Christus gleichsam den *Hiobsweg*, fühlten sich dort aufgefangen, spürten lebendig die Solidarität, und dort im Kreuz, wo alles stirbt, wo alles zu Ende ist, brach es für sie durch: das Leuchten der Auferstehung. Um die aber kann man erst richtig wissen, wenn das Kreuz in seiner ganzen Härte erlebt wurde. Das ist paradox, so glauben Sie? Ja, es ist das Paradox des Christentums. Aber geht das wirklich so am Leben vorbei? Ist das so an der Welt vorbei gedacht? Steckt es nicht im Leben selbst? Wenn wir nicht verdrängen, ist es so. Leid und Tod sind die begleitenden Tangenten unseres Lebens. Warum? Wir wissen es nicht. Nur der weiß es, der uns verheißen hat, dieses *Warum* einmal in der Zukunft aufzulösen. Wir sind eingeladen, ihm zu vertrauen.

Die Zweifel wollen kein Ende nehmen

Wer heute glauben will, der wird von Unsicherheit und Zweifel heimgesucht. Die Zweifel wollen kein Ende nehmen. Ist es wahr, was die Bibel sagt? Ist es wahr, daß der Tod überwindbar ist und es eine Zukunft und ein Heil jenseits der Todesgrenze gibt? Hat die Kirche das Recht, Gottes Wort verbindlich in die Gegenwart zu sprechen? Hat es Sinn, wenn ich bete und das Übel in der Welt doch nicht geringer wird? Spielt mein kleines Leben in dem großen Weltgetriebe vor Gott überhaupt eine Rolle? Bin ich gemeint? Hat es Sinn, noch Hoffnungen auf eine erneuerte Kirche zu setzen? Fragen über Fragen, Zweifel an Zweifel plagen den, der heute noch glauben will. Wie einfach hat es doch der, der nichts glaubt und sagen kann: mir fehlt nichts. Für ihn gibt es diese Probleme nicht, aber ich vergehe unter der Last des Glaubens, vergehe in Zweifel und Angst!

Diese Not des Glaubens scheint ein Zeichen unserer Zeit zu sein. Der Schrei des Vaters des besessenen Knaben aus dem Evangelium: „Herr, ich glaube, hilf meinem Unglauben,"[6] scheint zur Wesensformel des Glaubens des heutigen Christen geworden zu sein. Wir haben den Glauben nicht mehr, vorbei ist die Sicherheit, die aus dem Wort des Apostels Paulus klingt: „Zu all dem ergreifet den Schild des Glaubens, mit dem ihr alle Brandpfeile des Bösen auslöschen könnt."[7] Der Glaube ist für viele von uns nicht mehr der Fels in der Brandung der Zeit. Glaube ist für uns vielleicht noch eine Holzplanke, an der wir uns festhalten, schwimmend auf dem großen Ozean der Zeit.

Wir sind Ringende geworden, die suchen, denen es aber nicht gegeben scheint zu finden.

Und doch glaube ich, daß Gott unserer Zeit nicht weniger Gnade zu glauben schenkt als früheren Zeiten. Machen wir also etwas falsch? Ja und Nein! Daß wir Fragende und Ringende sind, ist gut. Zweifel müssen sein, damit wir überhaupt eine Antwort bekommen. Das ist das eine, zugleich aber ist unser Ringen zu wenig getragen von einem unerschütterlichen Vertrauen zu Gott, so wie Christus es uns vorgemacht hat. Auch er hat geschrien: „Gott, mein Gott, warum hast du mich verlassen?"[8] Er zweifelte, aber er glaubte doch. Sein Ringen war an eine bestimmte Adresse gerichtet, an die des Vaters. Sein Vertrauen auf den Vater war nie gebrochen. Glaube ist also ein Akt des Vertrauens zwischen mir und Gott. Vertrauend entscheide ich mich für ihn und in der Zweisamkeit mit ihm gehe ich die Probleme an. Gemeinsam mit ihm versuche ich meine Fragen und Zweifel zu lösen. In meinem Zweifel suche ich die Antwort bei ihm, unverkrampft und im Vertrauen wissend, daß er mir Antwort werden läßt. Wann und in welcher Art dies geschieht, überlasse ich ihm. Ein solches Vertrauen macht mich trotz aller möglichen offenen Fragen froh und ist eine echte Lebenshilfe. Eine Lebenshilfe, die der nicht Glaubende entbehren muß. Solange ich also diesen beneide und an meinem Glauben leide, ist etwas faul bei mir und ich muß mich nach den Gründen fragen. Vielleicht steckt mein Glaube noch in den Kinderschuhen und ist nicht mit meiner Gesamtentwicklung gewachsen und fehlen mir einfach die Informationen, die ein Glaube in moderner Zeit braucht. Oder ich gebärde mich pubertär wie ein Jugendlicher, ganz in Anspruch genommen von meinen eigenen Problemen in Ichverkrampfung und habe noch nicht hingefunden zu meinem Platz in der Welt als Teil eines großen Ganzen, sondern sehe mein Problem als Zentrum der Weltgeschichte an.

Habe ich aber die in meinem Glauben angelegte Weite einmal geschmeckt, habe ich einmal erlebt, daß aus der tiefen, vertrauenden Bindung eine unsagbare Freiheit entsteht, die mir den Rücken freihält, dann bereiten mir Fragen keine Angst, sondern sie führen mich zu einer immer tieferen Erkenntnis über diese großartige Welt und den noch großartigeren Gott, dessen Spuren ich im Kosmos wiederfinde. Im Fragen vollziehe ich meine von Gott gewollte Freiheit, die es mir ermöglicht, diesen oder jenen Weg zu wählen. Diese Möglichkeit impliziert die Möglichkeit des Scheiterns, der Schuld, des Zweifelns und des Unglaubens sicherlich, aber selbst das bietet die Chance einer tiefen Glaubenserfahrung im fast schon Ungläubigsein, die Erfahrung eines Glaubens zwar, der an sich selbst verzweifelt, weil er nicht die genügende Kraft aufbringt, eines Glaubens aber, der Sprung ist über Zweifel und Angst in das Vertrauen Gottes hinein. Dabei lasse ich mir die Worte zusprechen, die Jesus einst zu Petrus sagte: "Petrus, ich habe für dich gebetet, daß dein Glaube nicht wanke, du aber stärke deine Brüder."[9]

Aschermittwoch

Erde zu Erde,
Asche zu Asche.
Es geht dir ans Leben.
Finde dich ab damit,
Adam, Wesen aus Staub.
Es geht dir ans Leben.

Violette Farbe des Dazwischen,
Phönix aus der Asche,
embryonaler Schrei des Lebens,
Angst und Jubel der Befreiung.
Es geht um mein Leben.

Die Asche unserer Väter

In einer Rede des Indianerhäuptlings von Seattle heißt es:
„Die Asche unserer Väter ist heilig,
ihre Gräber sind geweihter Boden,
und so sind die Hügel,
die Bäume,
dieser Teil der Erde uns geweiht.
Ihr müßt eure Kinder lehren,
daß der Boden unter ihren Füßen
die Asche unserer Großväter ist.
Damit sie das Land achten,
erzählt euren Kindern,
daß die Erde erfüllt ist
mit dem Leben unserer Ahnen.
Lehrt eure Kinder,
was wir unseren Kindern lehren:
Die Erde ist unsere Mutter.
Diese Erde ist Gott wertvoll,
und sie verletzen,
heißt, ihren Schöpfer verachten."

Ihr müßt eure Kinder lehren, daß der Boden unter ihren Füßen die Asche unserer Großväter ist. Soll hier einer Todesneigung das Wort geredet werden, die sich danach sehnt, alles zu verbrennen, um einmal ordentlich wieder neu aufbauen zu können? Dahinter steht die Hoffnung, als könne aus der Asche nur Besseres entstehen, wie es bei Hugo v. Hofmannsthal ausgedrückt wird, der seinen Bettler im Salzburger großen Welttheater so sprechen läßt: „Der Weltstand muß dahin, neu werden muß die Welt, und sollte sie zuvor in einem Flammenmeer und einer blutigen Sintflut untertauchen, so ist's das Blut und Feuer, das wir brauchen."[10] So ist es in der Rede des Indianerhäuptlings wohl kaum gemeint. Gemeint ist, wir stehen auf dem, was unsere Väter waren und was sie getan haben. Wir dürfen nicht bodenlos werden, nicht geschichts- und traditionsvergessen sein. Wir dürfen nicht abheben, sondern müssen uns erden und gleichsam in der Asche das Leben suchen. Das lehrt uns der Tag der Asche: Aschermittwoch. Sein Bild ist das des Phönix aus der Asche, also kein Todesbild, wenn er uns auch grau vorkommen mag, da über uns das Wort gesprochen wird: „Bedenke, Mensch, daß du Asche bist und wieder zu Asche werden wirst."[11] Wir sollen uns erinnern und es ist eine „gefährliche" Erinnerung für uns, die wir Meister der Verdrängung sind. Unser Herz ist oft voll von vielen Dingen, die wir eigentlich gar nicht brauchen. Wir wenden uns dem Bunten zu, überspielen und verdrängen. Karneval ist gerade vorüber, die große Verdrängung. Da tut es gut, sich dem Leben in seiner ganzen Spannung zu stellen, die Herzenstür weit zu öffnen und zu erkennen, daß die schönsten Blumen, Bäume und Gräser auf den Hügeln wachsen, unter denen unsere Väter und Mütter begraben sind, und zu erkennen, daß Sterben und Leben zusammengehören und wir im großen *Dazwischen*, wie es die violette Farbe dieses Tages unterstreicht, unseren Weg zu finden haben. Wir lassen uns das Aschenkreuz nicht geben, um uns durch dieses Symbol in eine noch tiefere Depression drücken zu lassen. Wir lassen es uns auch nicht geben, weil wir todesverliebt dunklen Riten folgen. Wir stellen uns der Asche, weil wir Realisten sind. Es geht uns um das Leben, Leben vor dem Tod, dem wir ins Antlitz schauen. Am Aschermittwoch erleben wir beides, Tod und Hoffnung in einem. Daß uns das manchmal Angst macht, ist nur allzu kreatürlich; wie ein neugeborenes Kind schreit in der Spannung aus Schmerzerfahrung und Befreiung aus der Enge, so erleben auch wir den Aschermittwoch mit seiner Symbolkraft für diesen embryonalen Schrei des Lebens. Die Asche unserer Väter ist unser eigenes Symbol des Todes, der Vergänglichkeit, des Endes von alters her, in seiner grauen Farbe, aber auch von alters her Symbol der Auferstehung aus dem Tod. Gott will, daß wir leben und bestehen in dem Glauben, daß es das große Vergehen und Vergessen nicht gibt, sondern die Erde erfüllt ist vom Leben des Schöpfers, der alles aus seiner Hand hervorgehen läßt und alles wieder in sie zurückholt, immer wieder von neuem. Im Psalm 103 heißt es wie ein Versprechen: „Gott denkt daran, daß ich nur Staub bin". Das tröstet, Gott vergibt meine Schuld und macht meine Zerbrochenheit heil. Bei Nelly Sachs in ihrem Gedicht „Schmetterling" heißt es: „Welch schönes Jenseits ist in deinen Staub gemalt."[12] Im Staub der Puppe ist schon verborgen der Schmetterling in seiner ganzen Pracht. In unserem Staub ist schon hineingeformt das schöne Antlitz, das wir vor Gott sein werden, unsere Seele, das schöne Jenseits, das in unseren Staub gemalt ist. So liegt dem Aschermittwoch verborgen schon Ostern zugrunde. Nach Hildegard von Bingen aber ist österliche Lebenseinstellung: „Du sollst leben!"

Steh auf!

Vielleicht ist uns noch nie aufgefallen: Da befreit Jesus einen Besessenen von seiner fixen Idee, und das Evangelium erwähnt ihn nie mehr. Da heilt Jesus einen Aussätzigen; was dann mit ihm geschieht, darüber schweigt die Hl. Schrift. Da erweckt Jesus gar einen Toten zum Leben, und dann verliert sich seine Spur, wie etwa in der Geschichte vom Jüngling von Naim (Lk. 7,11-17). Warum? Weil der Tote ja ich selber sein könnte. Wenn Jesus mich erwecken würde, was würde dann aus mir? Diese Geschichte kann nicht in der Bibel stehen. Diese Geschichte schreibt mein Leben. Wie gesagt, der Tote könnte ich sein. Nicht tot, weil das Herz nicht mehr schlägt, sondern tot, weil ich nicht mehr lebe, sondern bloß gelebt werde, weil ich nicht mehr selber entscheide und nicht mehr selber laufe, sondern weil mich Träger irgendwohin schleppen, wie jenen Jüngling von Naim. Können wir uns vorstellen, daß seit dem Ruf „Steh auf!" das Leben jenes jungen Mannes ein anderes geworden ist? Daß ihm manches von früher jetzt wie Plunder vorkommt?

Wenn Sie der Tote von Naim wären und Jesus hätte Sie auferweckt, was würden Sie tun? Wahrscheinlich würden Sie dem, der Sie auferweckt hat, um den Hals fallen, ihn küssen, ihm danken. Oder Sie würden tanzen, sich freuen, sich recken und strecken, damit Sie spüren, dass Sie leben. Oder Sie würden Freunde anrufen und besuchen und sagen: „Hallo, ich bin wieder da" und sie zu einem großen Fest einladen. Oder Sie würden versuchen, für Ihr neues Leben Vorsätze zu fassen, was sie bei Ihnen ändern möchten. Aber offenbar müssen wir erst einmal merken, wie tot wir sind, um richtig leben zu können. Wenn wir dann auf den Geschmack am Leben in Fülle gekommen sind, dann fällt uns auch das Sterben nicht mehr schwer. Mit dem Sterben meine ich nicht wieder Herzstillstand, sondern z.B. aufs Rechthaben zu verzichten, seine Zeit herzuschenken für andere, einem in Geduld zuzuhören, der es mir nicht vergelten kann. In diesem Sinne ist hier Sterben gemeint: Dinge loszulassen, mit denen ich mir so gerne das Leben sicher und angenehm machen möchte und bei denen ich nicht merke, daß ich ganz allmählich auf der Bahre des jungen Mannes aus Naim ende.

Der junge Tote aus Naim: ich bin es und Sie sind es. Wir können es nicht leugnen. Und darum lassen wir uns am Aschermittwoch das Aschenkreuz auf die Stirn zeichnen. Die Asche steht für das, was tot in uns ist, verkümmert und unfruchtbar. In einem Aschenhaufen ist alles Leben erloschen. Das Aschenkreuz stempelt mich zu dem jungen Toten von Naim. Aber, wenn ich der bin, dann bin ich auch der, zu dem Jesus sagt: „Steh auf!"

Laetare

Mitten in der Fastenzeit Freude, verhaltener Jubel und Tanz, Unterbrechung des ernsthaften liturgischen Spiels? Wir wissen aus der Musik, nichts ist schmerzlicher und widersinniger, als daß ein Tanz, ein Walzer zu Ende geht. Das Ende wird als Bruch, als Abriß erlebt. Ein Walzer will nicht aufhören. Wie soll auch mit einem unbetonten, mit einem sogenannten *schlechten* Taktteil ein Ende gesetzt sein? So ist es auch während der Fastenzeit, die frohe Botschaft von der Auferstehung Jesu wird nicht suspendiert. Sie gilt weiter, auch wenn in diesen Tagen Umkehr und Buße erinnert werden sollen und somit im Vordergrund stehen. Der Walzer will nicht aufhören. Nur Stücke im Zweivierteltakt oder Viervierteltakt vermögen zu enden, ein Dreivierteltakt aber vermag nur in sich selbst zurückzulaufen, denn die Primzahl drei ist in der Gradzahligkeit nicht auflösbar. So hört auch die Osterbotschaft nicht auf, sie geht weiter, mit anderen Schwerpunkten vielleicht, aber im gleichen Takt. Und so wie für die Tanzenden das Ende des Walzers ein Trauma ist, ein Sturz dorthin, wo zweimal zwei vier ist, wo alles aufzugehen scheint, so wäre das Vergessen von Ostern zum Schaden für uns alle und würde so manche Hoffnung und manchen Lebenstraum in der Faktizität, in der Plausibilität, im Habenwollen, in den Sachwirklichkeiten des Lebens vernichten.

So ist der Sonntag Laetare ein Aufruf, den Osterwalzer weiter zu tanzen als autonome Bewegung mit dem Osterlachen der Lebensfreude, befreit durch Jesus Christus.

Ein Tanz ist aber auch Ausdruck von Beziehung. Ein Walzer ist von seinem Ursprung her nicht getanzter Jubel allein und an erster Stelle Lösung, sondern Aufbau einer Spannung und damit Ausdruck einer tiefen Personerfahrung und intensivstes Erlebnis des Daseins. Dasein aber ist vor allem Pflicht, und wäre es für einen Augenblick, der ein Musikstück lang währt. Ich bin in die Pflicht genommen für den anderen, für den, der mit mir tanzt, den Partner, für personale Beziehung und Verantwortung schlechthin.

Ostern ist uns nicht geschenkt um eines religiösen Rausches willen, Ostern ist Jubel mit Ernst gepaart. Der Auferstandene trägt noch die Wunden des Karfreitag. Im Bild des Walzers heißt das: so wie der Walzer nicht nur fröhlich ist, nicht freudig allein, so wenig ist es die Liebe und das Leben. Wer tanzt, der erfährt, ein großer Walzer ist die Vision, die Idee des Tanzes über alle Wirklichkeiten des Banalen hinweg, ist die Sehnsucht nach dem Unendlichen, ist der Traum vom Leben überhaupt. Deshalb muß der *Osterwalzer* weitergehen, damit sich der große Traum des Halleluja erfüllt und unser Leben sich nicht in dem Sturz erschöpft und auflöst, wo zweimal zwei vier ist, wo gerechnet und berechnet wird und alles aufzugehen hat und nichts mehr übrigbleibt für das immer wieder Größere des Lebens und für den Unendlichen, der sich in seiner Liebe zu uns ebenfalls nie erschöpft. Das „Laetare, freue dich!" läßt auch in der Fastenzeit den *Ostertanz* zu.

Palmsonntag

Am Anfang schwenken sie Zweige:
Hosianna!
Am Ende schwingen sie Fäuste:
Cruzifige!
Durchbrochenes Königszeichen:
Rot
die Farbe des Blutes und der Liebe.

Hoch zu Roß?

Hoch zu Roß? Nein, eher erbärmlich auf einem Esel sitzend zieht der Herr in Jerusalem ein. Nicht eine Demonstration der Macht, Dienen ist angesagt. Ob die Menschen es so verstehen? Noch jubeln sie „Hosianna", die Erwartungen sind hoch, da werden gern die kleinen Hinweise übersehen, und die Palmenzweige werden zu Ruten des Karfreitags mit seinem mörderischen Ruf des „cruzifige". Der scheinbar triumphale Einzug endet in der Passion. So geht es uns Menschen mit vielem, was wir beginnen. Erst Begeisterung - versteckte Warnzeichen werden geflissentlich übersehen - dann der Alltag, das *Sich-hindurch-Quälen* bis zum *burning out*. Ursache ist oft, daß es uns nicht so sehr um das Dienen geht, sondern um Macht, Ansehen und Selbstdarstellung. Oder anders, die Menschen jubeln Jesus zu, sie beabsichtigen etwas damit, sie wollen ihn für ihre Zwecke instrumentalisieren, er soll ihre Sehnsucht nach Freiheit, nach dem messianischen Reich erfüllen, aber die Sehnsucht der Menschen ist nicht immer Gottes Sehnsucht. Gottes Sehnsucht ist der Mensch, ist das Heil des Menschen. Darum ist der wahre Gottesdienst der Dienst am Menschen. Aber wie gehen wir oft mit denen um, die sich engagieren. Wir setzen sie aufs Pferd und unterstellen ihnen unlautere Motive oder nehmen alles selbstverständlich und kritisieren vom Sofa des Nichtstuns aus. Was gemeint ist, soll ein Beispiel umschreiben: Ein Pfarrer wollte ein Ehepaar in seiner Gemeinde besuchen. Es war schon über vierzig Jahre verheiratet. Vor allem der Ehemann war in der Arbeit der

Pfarrei sehr engagiert, mit allen Freuden, aber auch mit Ärger, den ein Ehrenamt oft mit sich bringt. Selten gelobt, oft kritisiert tat er seinen Dienst. „Man schindet sich und Dank bekommt man selten dafür", beklagte er sich manchmal bei seiner Frau. Der Pfarrer traf bei dem Besuch nur die Ehefrau an. Der Mann war schon wieder unterwegs. Sie sagte dem Pfarrer frei heraus ihre Meinung über die ehrenamtlichen Tätigkeiten ihres Mannes und daß er mehr Ärger als Lob ernte. „Nun, ihr Mann weiß doch, daß ich seine Arbeit sehr schätze", antwortete der Pfarrer. „Warum zeigen und sagen sie ihm das denn so wenig?" entgegnete die Frau. „Aber sie wissen doch, daß man das nicht jedesmal tun muß", beschwichtigte der Pfarrer. „Das ist wohl wie in einer langen Ehe. Die Ehe- leute sagen sich auch nicht jeden Tag, daß sie sich lieben." „Man merkt, daß sie nicht verheiratet sind", lachte die Frau, „sonst würden sie so etwas nicht sagen. Oder sagen sie nicht dem Herrgott jeden Tag, daß sie ihn lieben?" Das saß! Der Pfarrer fragte sich auf dem Heimweg, ob er nicht allzu selbstverständlich mit dem Dienst seiner Mit- arbeiter umgehe.

Hochgehoben und fallengelassen zu werden, bejubelt und angefochten zu werden, Zustimmung und Anfeindung gehören zu unserem Leben. All dies ist nur bedingt wich- tig, der Knecht steht eben nicht über dem Meister. Wich- tig ist, daß wir uns der Liebe Gottes und untereinander vergewissern. Gleichgültigkeit bedeutet da Tod. „Wenn wir eines Weges gehen und einem Menschen begegnen, der uns entgegenkam und auch eines Wegs ging, kennen wir unser Stück, nicht das seine, das seine erleben wir nur in der Begegnung,"[13] sagt Martin Buber. Am Palmsonntag begegnen wir Jesus vor der Stadt Jerusalem, Jerusalem, der Ort des Leidens, Sterbens und Auferstehens. Sind wir bereit, ihm zu „begegnen", um „sein Stück Weges" kennenzulernen?

Gründonnerstag

Alles zurücklassen
Vertrautes verabschieden
Neuem entgegengehen
Fremdes wagen.
Immer müssen wir
sterben und auferstehen.

Der Vorabend

Gründonnerstag, jener Vorabend des göttlichen Triduums, dessen bange Ahnung ihm den Namen *Greindonnerstag* gab, trotz aller Abendmahlsstimmung ein Tag zum Greinen, zum Weinen, voll geheimnisvoller Symbolik, jener Vorabend mit dem ernsten Wissen: *Es naht die Nacht, dann aber wird Ostern sein*, jener Tag, dem nicht *brennende Ungeduld*, sondern *brennende Geduld* den Stempel aufdrückt.

Es ist ebenso der Tag der *Überlieferung*: Matthäus, Markus, Lukas und Paulus überliefern uns dieses Geschehen, Judas überliefert Jesus, der Vater überliefert den Sohn, der Sohn überliefert sich dem Vater. Auch wir überliefern uns diesem Geschehen in der Liturgie und denken an so manche *Überlieferung*, die wir im Leben erfahren haben und die sich in dem Wort *dem Leben überliefert* ausdrückt und das Aufgeben und Verlassen so mancher letzten Sicherung meint und jenes Stück des Ausgesetztwerdens umschreibt, das uns mit zwiespältigen Gefühlen zurückläßt an so einem *Vorabend*, wenn wir etwas Neues wagten, sei es in persönlichen Beziehungen, sei es in Beruf und Ausbildung oder sonst einer Veränderung, von der wir eine neu beginnende *Fülle des Lebens* erwarteten. Mancher erlebt so einen Tag mit *brennender Ungeduld*, mancher aber auch mit einem Bangen, wie durch ein Tor ins Ungewisse hineingehen zu müssen. Bisher war alles wohlgeordnet, es gab Spurschienen, auf denen man entlangfuhr, und Schwellen, die Stufen angaben und das schrittweise Weiterkommen signalisierten. Aber wenn man dann den Blick hebt, scheinen die Schienen ins Unendliche zu verlaufen, die Schwellen hören plötzlich auf und die Spur verliert sich im großen Loch der Zukunft. Dann ist es wichtig, sich zu erinnern: wir haben Erfahrungen gemacht, Erfahrungen, die uns spüren lassen, daß da etwas dran ist, was Franz Kafka sagt: „Es ist gut denkbar, daß die Herrlichkeit des Lebens jedem und immer in ihrer ganzen Fülle bereitliegt, aber verhängt in der Tiefe, unsichtbar, sehr weit." Und er fügt hinzu: „Sie liegt dort nicht feindselig, nicht widerwillig, nicht taub. Ruft man sie mit dem richtigen Wort, beim richtigen Namen, dann kommt sie." Dieses richtige Wort, diesen richtigen Namen, den gilt es zu finden am Gründonnerstag, am *Vorabend* des Ostergeschehens.

Tag der Geburt des Kelches

Dies nativitatis calicis, so wird der Gründonnerstag von alters her genannt, *Tag der Geburt des Kelches*. Jener Kelch, der gegeben wird, die Fülle der Herrlichkeit Gottes zu fangen. Was kann damit gemeint sein? Wir kennen das Wort vom Kelch meist nur in dem Zusammenhang mit der Ölbergszene: „Vater, wenn du willst, nimm diesen Kelch von mir."[14] Jener Kelch, der gefüllt ist mit Bitterkeit und Qual. Hier geht es um die Herrlichkeiten des Lebens, die es zu fangen gilt: Mut zur Kreativität und Phantasie gegen die Macht des Faktischen, um Freiheit gegen gesetzverhaftetes Denken und um Verantwortung gegenüber allem Unschuldswahn unserer Zeit mit seinem Verschiebebahnhof der Schuld. Es geht um Wahrhaftigkeit und darum, in einer Welt der Bindungslosigkeit zu erkennen, daß die tiefste Bindung, die Bindung der Liebe, frei macht und daß jemand, der keine Bindung anerkennt, an sich selber gekettet bleibt bis zum Austrocknen seiner Persönlichkeit. Letztlich ist der Kelch zu füllen mit dem Wagnis des Glaubens an Gott, der im Ostergeschehen in Kreuz und Auferstehung Jesu uns deutlich macht, daß in der Liebe das große Geheimnis der Entgrenzung liegt, die uns beflügelt zur intensiveren Begegnung mit den Mitmenschen und zum politischen Handeln in der Welt.

So hoffe ich, daß es uns mit der Gnade Gottes gelingt, daß uns dieser Kelch nicht mit Essig, „dem Wein der Toren" gefüllt wird, wie Johannes Kirschweng sagt, sondern mit dem edlen Wein Gottes. Sollte uns dann dieser Kelch einmal in Scherben fallen und der Wein ausfließen, zertreten wir die Scherben nicht zu Staub. Laßt sie uns aufsammeln. Vielleicht enthält eine Scherbe einen Tropfen der Erinnerung, jener Erinnerung, die der Gründonnerstag verheißt: „Es naht die Nacht, und das ist zwar heut, bald aber wird Ostern sein."

Die nicht mehr zurückgenommene Liebe

Brot ist für uns Menschen Zeichen des Lebens. Wenn wir Brot haben, haben wir Leben, und die Teilhabe an diesem Brot bedeutet Teilhabe am Leben: „Ist der Kelch des Segens, über den wir den Segen sprechen, nicht Teilhabe am Blut Christi? Ist das Brot, das wir brechen, nicht Teilhabe am Leib Christi? Ein Brot ist es. Darum sind wir viele ein Leib; denn wir alle haben teil an dem einen Brot", sagt Paulus.[15] Auch beten wir im Vaterunser: „Unser tägliches Brot gib uns heute" und meinen mehr als eine Scheibe geschnittenen Brotes. Wir meinen das, was wir zum Leben brauchen, und sind uns dessen gewiß, daß es uns geschenkt werden muß. Trotz des Verschwindens des Tischgebetes um uns herum wissen doch noch viele von uns um dieses Zeichen eines grundsätzlichen Dankes für das Leben selbst. In der Stiftung des Abendmahles am Gründonnerstag verdichtet es sich. Gott hält in Jesus Christus Leben für uns bereit, er sucht die Gemeinschaft mit uns im Mahl als Zeichen seiner Liebe. Das Kreisen des Bechers der Jünger ist der Hinweis auf diesen Bund der Liebe, einen aus Christi Blut gestifteten Bund. Das verpflichtet, und deshalb auch der Einspruch gegen diese Stiftung durch Judas. Er spürt, die Teilhabe an diesem Mahl verpflichtet den einzelnen, beim Mahl zu sein wie Jesus: „Ich bin unter Euch, wie einer, der dient."[16] Deshalb setzt Johannes in seinem Evangelium an diese Stelle die Fußwaschung. Das ist Sklavendienst. Es bedeutet doch, daß wir uns gegenseitig dienen und besonders die annehmen sollen, die zu kurz kommen in dieser Welt. Sicher sind auch die Reichen eingeladen, aber allzu oft endet diese Gemeinschaft bedrückend. Da beginnen unsere Schwierigkeiten: wir erkennen uns in diesen Reichen nicht wieder, da wir auf einem sehr hohen Standard Mangel leiden, als Konsumenten denken und alles haben müssen. Wir meinen, wir könnten uns etwas *abholen*. Wir *holen* uns die Kommunion oder glauben, Gott einen Dienst zu erweisen, wenn wir ihn sonntags einmal *besuchen*. Gottesdienst ist aber an erster Stelle Dienst Gottes an uns, in dem er uns seine nicht mehr zurückgenommene Liebe mitteilt und uns ermutigt, uns in die Bewegung Jesu miteinbeziehen zu lassen.

In Treue für

Gründonnerstag im Zeichen des Abendmahles, der Eucharistie, wir verkünden den Tod des Herrn: „Denn so oft ihr von diesem Brote eßt und aus dem Kelch trinkt, verkündet ihr den Tod des Herrn, bis er kommt."[17] Erinnern, vergegenwärtigen als Gegensatz zum Vergessen. Für Hildegard von Bingen ist das Vergessen „als die Unterbrechung des zentralen Bezuges des Menschen zum Schöpfer"[18] die *Ursünde* schlechthin. „Der Ochs kennt seine Krippe."[19] Israel aber vergißt, sagt das erste Testament. Darum muß, wie St. Hildegard meint, gegen Vergessensdunkel, Vergessenshärte, Vergessensschlaf und Vergessenstod in nichtermüdender Rede angegangen werden: „Tut dies zu meinem Gedächtnis."[20] Christen sind deshalb eine Erzählgemeinschaft. Sie erinnern sich des Abendmahls als Passahmahl und sprechen von der Hingabe des Gekreuzigten als Speise für die Menschen. Gott wird erinnert, der sich grundsätzlich für den Menschen entschieden hat. *Pro vobis*, für Euch geschehen die Dinge.

Der Tod Jesu wird existent als Tod für uns, die Treue Gottes ist am Kreuz unwiderruflich geworden. „So sehr hat Gott die Welt geliebt, daß er seinen eingeborenen Sohn dahingab."[21] Gott wird erinnert als der, der sich grundsätzlich für den Menschen entschieden hat.

Das ist eine Festlegung, eine Endgültigkeit, die wir kaum glauben können, da wir eine Endgültigkeit im Leben nicht wahrhaben wollen, bindungsscheu geworden sind und viele von uns unterschwellig an irgendeine Form von

Reinkarnation glauben, damit ja alles im Fluß bleibt und irgendwann revidierbar erscheint.

Gott wird nicht nur in der Erzählgemeinschaft der Christen erinnert, er erinnert auch: „Wenn eine Mutter ihr Kind vergessen könnte, ich vergesse dein nicht."[22] Das tut gut, jeder von uns möchte von jemandem geliebt werden. Das bedeutet aber auch, daß wir Schuld, die uns sonst zerstört und einsam macht, nicht verleugnen müssen. Das Wissen um die Treue Gottes und seine nicht mehr zurückgenommene Liebe und heilende Nähe macht uns den Rücken frei und läßt uns nach vorn blicken, ermöglicht uns eine immer wieder neue Geschichte.

Karfreitag

Ich liege stumm vor dem Altar aus Stein,
     taub dem Wort, im kahlen Raum:
Ausgetrocknetes Weihwasserbecken -
     jedes Erstlingsopfer trocknet einmal aus!
Niedergebrannte Kerzen -
     jede Begeisterung erlischt einmal!
Bilderloser Raum -
     jedes Gottesbild verblaßt einmal!
Niemand bricht heut mehr das Brot –
     der Becher kreist nicht mehr!

Ich stehe stumm vor dem Altar aus Stein,
taub dem Wort, das sonst Tote auferweckt.
Ich stehe stumm und stammle ein Gebet.
Von weit her dringen Worte an mein Ohr.
Das Kreuz wird aufgerichtet.

Zögernd, stolpernd, fallend
nähere ich mich diesem Bild von Gott,
an dem die Menschen hängen.
Hinter mir die Klage
der schon überwundenen
Verzweiflung.

Beim Verzehr der heiligen Reste erinnere ich mich:
Elias hatte recht: *es ist genug* da.

Altar der Bernarduskapelle des Musischen Internates in Hadamar

Kein Ausweg?

Der Dichter Franz Kafka erzählt einmal eine Fabel, die so lautet: „Ach, sagte die Maus, die Welt wird enger mit jedem Tag. Zuerst war sie so breit, daß ich Angst hatte, ich lief weiter und war glücklich, daß ich endlich rechts und links in der Ferne Mauern sah, aber diese Mauern eilen so schnell aufeinander zu, daß ich schon im letzten Zimmer bin, und dort im Winkel steht die Falle, in die ich laufe." - „Du mußt nur die Laufrichtung ändern", sagte die Katze und fraß sie."[23] Eine Fabel gewiß, aber auch ein Bild für die Ausweglosigkeit, die Hoffnungslosigkeit, die vielfach in unserer Welt gespürt wird, in unserer Welt der kahlen Mauern, der Kälte und Ungeborgenheit, des Unbehaustsein, in der der Tod, das Gefressenwerden die letzte Konsequenz ist. Und viele Menschen geben sich dann diesem Gespür hin und sind zu keinem Schwung, keiner Freude mehr fähig. Sie glauben an die guten alten Zeiten und haben nicht mehr die Kraft, an eine gute neue Zeit zu glauben. Kennedy nannte einmal diese Hoffnungslosigkeit die größte Gefahr unserer Zeit. Woher mag sie kommen? Jean Paul sah die letzte Hoffnungslosigkeit unserer Welt darin, daß Gottes Liebe nicht mehr gespürt wird, daß es keine Vaterbrust mehr gibt, an der man sich ausweinen kann. Wenn es die aber für den Menschen nicht mehr gibt, wie soll er dann lieben, wie soll er, der sich selbst nicht geborgen weiß, Geborgenheit weitergeben. Wie soll einer, der unbehaust ist, anderen Heimat geben? Gibt es denn keinen Ausweg aus dieser Situation? Nein, es gibt keinen Ausweg, aber es gibt einen Weg!

Jenen Weg, den Karl Rahner so umschreibt: Es muß sich lohnen, Mensch zu sein, wenn es sich für Gott lohnte, Mensch zu werden.

Christus hat die Hoffnungslosigkeit der Welt ausgekostet. Gehetzt von Bethlehem bis zu den Stätten seines Wirkens, wo er verkannt, angefeindet, beargwöhnt und verfolgt wurde: „Der Menschensohn hat nichts, wohin er sein Haupt legen kann"[24], so geht er in die Falle von Leid und Tod, und diese Falle erschlägt ihn: „Gott, mein Gott, warum hast du mich verlassen."[25] Tiefste Ausweglosigkeit, aber gesprochen als Gebet in Glaube und Vertrauen. Und um dieses Glaubens willen entreißt ihn Gott der Ausweglosigkeit, aus der Todesfalle heraus öffnet sich die Enge, und alles ist nur noch Hoffnung und Licht. Seitdem das geschehen ist, weiß der Glaubende, daß die von ihm gespürte Ausweglosigkeit im Letzten keine ist, sondern vielmehr der Weg, den es zu finden gilt. Die zugeschlagene Falle ist nicht Schlußpunkt in dem Sinne: *nichts geht mehr*, sondern Brücke hin zur Fülle des Lebens mit Gott, oder wie es in der Bildsprache der Hl. Schrift heißt: Das Wasser des Alltäglichen wartet darauf, in den Wein der Fülle der Herrlichkeit Gottes verwandelt zu werden.[26]

Unser Handeln in der Welt ist immer ein Stück von dem bestimmt, was wir erwarten, was wir als Ziel haben. Haben wir kein Ziel, wird unser Handeln unplanmäßig. Gebe ich mich, wie in Kafkas Fabel angedeutet, dem Gefühl der Sinnlosigkeit hin, wird mein Handeln resignierend und selbstzerstörend.

Die Alternative ist, darauf zu setzen, daß einer, Jesus

Christus, in die Falle gegangen ist und diese Falle seitdem zu ist und ich in dieser Welt eine Hoffnung wider alle Hoffnung, einen Glauben und ein Vertrauen trotz aller zeitweiligen Ausweglosigkeit und eine Liebe, die nicht schlappmacht, haben kann.

Trost in der Hoffnung – „crux spes unica"

Bei dem Kreuze Jesu standen seine Mutter, die Schwester seiner Mutter, Maria, die Frau des Kleophas und Maria von Magdala.
Als Jesus seine Mutter sah und bei ihr den Jünger, den er liebte, sagte er zu seiner Mutter: „Frau, dies ist dein Sohn."
Dann sagte er zu dem Jünger: „Dies ist deine Mutter". Und von jener Stunde an nahm sie der Jünger zu sich. (Joh. 19,25 – 27)

Müssen wir, wie Habermas sagt, prinzipiell trostlos leben, weil keine Theorie denkbar ist, die Trost geben kann?
Der Jünger, der Vertraute, der erste, der glaubte, gibt die Botschaft des Heiles weiter:
Trost und Geborgenheit durch den am Kreuze vorübergehenden Gott.
Das ist keine Theorie. Das ist Hoffnung, die notwendig ist, um durch die Nacht zu gehen, die der Glaube an den Gekreuzigten mit sich bringt.
Dum spero, spero.
Die Frau, die Mutter, die Zeugin des Nachlasses Jesu, erbittet die Heilsgabe von Gott:
Den Glauben an den Gott der Hoffnung, der das, was nicht ist, ins Dasein ruft und die Toten lebendig macht.
Wir müssen die Kreuze sehen, die in der Welt aufgerichtet sind, und zu denen stehen, die an diese Kreuze geheftet sind, und damit zu dem Gott, der sich am Kreuze offenbart.

„Maria und Johannes unter dem Kreuz"
Gemälde von Georg Poppe
im Musischen Internat in Hadamar

Versöhnung vom Kreuz

Im Zentrum des Karfreitags steht das Kreuz in seiner ganzen Härte, so daß wir Scheu haben, uns ihm zu nähern. Wir haben Angst und weichen zurück, weil wir die Konsequenz fürchten. Das Kreuz ist für uns ein Zeichen des qualvollen Sterbens, und daran möchten wir möglichst nicht erinnert werden. Wir akzeptieren unsere Endlichkeit nicht. Dabei gehören Sterben wie das Geborenwerden eng zusammen. Manches mißlingt an menschlicher Existenz, weil man das Sterben nicht will. Wir halten zu oft am Leben fest, auch im Sterben, obwohl C.G. Jung meint: „Von der Lebensmitte an bleibt nur der lebendig, der mit dem Leben auch sterben will." Wenn ich so lebe, setzte ich auf eine Hoffnung, die mehr ist als nur das Erwarten einer Jenseitigkeit. „Amen, ich sage euch, wenn das Weizenkorn nicht in die Erde fällt und stirbt, bleibt es allein, wenn es aber stirbt, bringt es reiche Frucht."[27] Sterben und Geborenwerden gehören ganz tief zur menschlichen Existenz und bedeuten, einen Prozeß zu spüren, der mit mir geschieht, und ja dazu zu sagen. Romano Guardini nennt das *die Annahme meiner selbst, aus der das Reifen kommt*. Während dieses Prozesses vertrauen wir in unserer Angst ihm, der sagt: *Meine Gnade genügt dir, darum gebe ich dir meine Ängste, Nöte, damit die Kraft Christi sich an mir erweist*.[28] Das Kreuz wird somit zum Zeichen, das uns mit unserer Endlichkeit versöhnt. Es ist aber auch das Zeichen, das uns mit Gott und der Welt versöhnt. Das Kreuz steht als Protest der Liebe gegen die tiefe Unversöhnlichkeit und den Vernichtungswillen in der Welt, die uns bedrücken, aber auch gegen die belastete Geschichte einer Kirche und einer unversöhnten Christenheit, die wir täglich spüren. Besonders letzteres nehmen wir mit Entrüstung zur Kenntnis und vergessen dabei etwas Entscheidendes: In welchen Unversöhnlichkeiten lebe ich selber? Bin ich damit versöhnt, wie mein Leben bisher gelaufen ist? Will ich meinen Schatten als Schatten wahrhaben? Das Kreuz ist Zeichen dafür, daß wir uns in seinen Schatten stellen können, denn Gottes Vergebungsbereitschaft in unbegrenzt. Wer so wie Jesus im Namen Gottes mit den Sündern umgeht, den trifft der Vorwurf der „Bürgerlichen": Du machst die Moral kaputt. Denn Jesus verlangt nicht zuerst eine Umkehrleistung, sondern spricht uns die vom Kreuz ergehende Gnade Gottes zu. Wir meinen, wenn einer bestraft ist, dann ist das Gleichgewicht wieder hergestellt und die Welt in Ordnung. Ein fataler Irrtum, der sich in den Rückfallquoten zeigt. Versöhnung vom Kreuz her heißt, daß alles, was zu leisten ist, Gott selbst getan hat. Wir müssen nur einsteigen und uns von den am Kreuz ausgespannten Armen Christi umschließen lassen. Das ist genug.

Allerdings gibt es auch hier Haltungen, die nicht aufgegeben werden können: Die Versöhnung mit Gott muß eingebettet sein in eine mitmenschliche Konstellation, der Versöhnte muß wiederum ein Versöhnter und Versöhnender sein. Wenn wir das nicht sind, blockieren wir jede Versöhnung durch Gott.

Abgestiegen zu der Hölle

Es ist wieder einmal soweit, mag mancher denken, wir feiern das Leiden Christi. Wir Christen „feiern" das Leid. Haben wir noch nicht genug von der Qual, der Not und dem Sterben in unserer Welt? Reichen uns die Höllen des Lebens noch nicht? Haben wir sie vergessen: die Hölle von Auschwitz, die Hölle von Verdun und Stalingrad, die grüne Hölle von Vietnam, den Sudan, Bosnien und den Kosovo? Reicht uns noch nicht all die Ausweglosigkeit, die Hoffnungslosigkeit und Verzweiflung der Menschen, die sich das Leben zur Hölle machen. Manchmal sind wir die Anheizer, manchmal auch die Opfer dieser Höllen, so daß der französische Philosoph und Schriftsteller Sartre sagen kann: „Die Hölle, das sind die anderen!" Ist es da nicht grotesk, daß wir noch dazu eine Feier des Leidens Christi zelebrieren?

Oder meint vielleicht der Kreuzestod Jesu genau das, daß dieser Christus abgestiegen ist in die Höllen des Lebens? Meint unsere Feier, daß diese Höllen des Lebens die Kreuzigung Jesu nur mit anderen Mitteln sind? Ist das „Abgestiegen zu der Hölle" des Glaubensbekenntnisses so zu verstehen, daß Jesus in den Höllen der Not unser Bruder geworden ist? Meint das „gelitten - gestorben - begraben" die Hoffnungslosigkeit seines Endes, die er durchgekostet hat wie jeder andere leidende Mensch? Wenn wir zurückblicken in die Geschichte, dann ist dieses Wort „Abgestiegen zu der Hölle" genau so und nicht anders zu verstehen, auch so hat es Markus von Arethusa verstanden, als er es 359 auf der Synode von Sirmium für das Glaubensbekenntnis beantragt hat.

Wenn wir an dieses Verständnis anknüpfen, was ist dann aber Besonderes an diesem Tod, an diesem Höllen Durchleben Jesu? An der Via Appia zu Rom wurden beim Spartakusaufstand etwa 7000 Menschen gekreuzigt. Was ist der Unterschied zwischen dem Tod Jesu und dem Tod des Studenten Jan Pallach, der sich vor Jahren freiwillig auf dem Wenzelsplatz in Prag verbrannt hat, um auszubrechen aus der Hoffnungslosigkeit, um seinem Volk den Weg zu ebnen aus der Hölle der kommunistischen Unterdrückung? Gibt es überhaupt einen Unterschied? Ich glaube ja. Man muß sehen, wer hier leidet.

Jesus hat das Reich Gottes verkündet und hatte ganz in der Nähe Gottes gelebt, er hatte im Namen und in der Vollmacht Gottes, als Gott selbst, den Armen, Dirnen, Zöllnern und Verbrechern Sünden vergeben. Und jetzt am Kreuz erlebt er die Verlassenheit, er, der um die glückbringende Nähe Gottes weiß. In klarem Bewußtsein erlebt er die Gottverlassenheit, er spürt sich fern von Gott, obwohl er weiß, daß Gott nahe ist. Im vollen Bewußtsein der Nähe Gottes von Gott ausgeschlossen zu sein, das ist die Qual der Hölle. Jesus ist also der Angefochtenste und Verlassenste, aber es ist Gott, der hier leidet, der diese Höllen durchlebt und in die Auferstehung hinein überwindet. Gott selbst hat diesen Verlassenen aus der Hölle herausgeholt und damit deutlich gemacht, daß mit dem Auferstehen Jesu alle Höllen der Welt und der Zeiten überwunden werden.

Gott hat im Gekreuzigten seine Zukunft schon begonnen, und somit ist die *Höllenfahrt* Christi der Anfang vom Ende der Schrecken. Seitdem gibt es eine Hoffnung über den Totenfeldern von Verdun und Stalingrad, den Massengräbern von Vietnam und Bosnien. „Abgestiegen zur Hölle" heißt, daß Christus sich identifiziert mit allen Gequälten, mit allen Einsamen, Verlassenen, Gefolterten und unschuldig Gemordeten. Bei ihnen ist er, aber auch bei den anderen. Sie sind in ihrer Höllenangst nicht allein. Er ist zum Gesellen der Erniedrigten geworden. So sind wir aufgerufen, nicht ausschließlich auf den Jammer, das Elend des Augenblicks zu starren, sondern es zu bestehen im Wissen, daß Jesus uns durch die Höllen des Lebens hindurch zur Auferstehung und zur Vollendung führt.

Aber Jesu Durchleiden der Höllen des menschlichen Lebens war zugleich auch ein Protest, sein Protest gegen alles Leid der Welt. Er hat nicht nur die Höllen beseitigen wollen, sondern auch uns dazu aufgerufen, dasselbe zu tun.. Sein Tod müßte zum Aufstand der Gewissen führen gegen alle Höllen der Erde und gegen alle, die diese Höllen anheizen.

Leiden?

In der Nachfolge Jesu kommt der Christ nicht am Leiden vorbei, er kann ihm nicht ausweichen, es ist jedem gegeben. Er muß sich ihm stellen, irgendwann, wenn wir auch versuchen, es möglichst lange zu verdrängen, weil wir es als etwas Negatives, der Lebensqualität Abträgliches empfinden. Aber ist das so? Gibt uns hier nicht wiederum die Angst genau das Falsche ein und betrügen wir uns nicht um die Chance, dem Geheimnis des Leidens auf die Spur zu kommen? Andere Völker tun sich da leichter als wir, die wir durch die Aufklärung gegangen sind und seither für alles einen rational vernünftigen Grund suchen. Den scheint es aber für das Leiden, das wir nur aus seiner menschlichen Perspektive kennen, nicht zu geben, und ich will auch gar nicht versuchen, dem oft unsagbaren Leid hier irgendeinen Zweck zu geben, wofür es gut sein könnte. Aber könnte es nicht einen tieferen Sinn haben, der außerhalb unserer Wirklichkeit liegt, den wir glauben und auf den wir hoffen? Menschen in Lateinamerika prägten für das Leid der Menschen, das sie erfahren durch Unterdrückung, Folter und Mord, den Begriff „das gekreuzigte Volk", um deutlich zu machen, daß alles Leid der Menschen die Fortsetzung der Kreuzigung Jesu mit anderen Mitteln ist und Christus als der leidende Gottesknecht manchmal offen, meist aber versteckt in den Opfern dieser Welt gegenwärtig ist. „ Sind wir mit Christus gestorben, so glauben wir, daß wir mit ihm leben werden."[29] Aus diesem Gedanken heraus ergibt sich aber auch die Chance, mit dem Kreuz

Jesu in seinem Leben die dahinterstehende Auferstehung neu zu entdecken und so in seinem Glauben und Hoffen die Überlegenheit des Lebens gegenüber dem Tod zum Ausdruck zu bringen. So sicher es für uns ist, daß im leidenden Menschen Gott nahe und in Christus präsent ist, so sicher ist es auch, daß das Leiden nicht sein letztes Wort an die Welt ist. Dieses Wort heißt Leben.

Aber das muß auch gesagt werden: dieses Leben ist nicht nur durch die Tat zu haben, wie wir *Macher* mit unserem Trieb nach Tun, Wirken und Handeln meinen, sondern mehr noch durch das Leiden, durch das letztlich die Welt erlöst wird. Für diesen scheinbar eher *passiven Grundzug des Leidens* fehlt uns modernen Menschen zugegebenermaßen heute der Blick. Deshalb sind wir so leicht verbittert und undankbar bis bösartig, wenn es uns trifft. Aber daß an der Erlösungskraft des Leidens etwas dran sein muß, erfahren wir immer wieder durch Menschen, die angesichts schweren Leidens verständnisvoller und sensibler wurden, daran reiften und zu Persönlichkeiten wurden, die sie ohne dieses Leiden nie geworden wären. Manchmal erleben wir bei ihnen eine gewisse Heiterkeit im Glauben und ein Vertrauen auf Gott, das sie für viele zum Segen und zum lebenden „Beweis" für die Überlegenheit des Lebens über den Tod werden läßt.

Die Fruchtbarkeit des Todes Jesu

„Als sie aber zu Jesus kamen und sahen, daß er schon tot war, zerbrachen sie ihm die Gebeine nicht, sondern ein Soldat stieß mit der Lanze in seine Seite und zugleich floß Blut und Wasser heraus."[30]

Auf das Kreuz schauen,
nicht sich des Kreuzes bemächtigen.
Eine Kirche, die auf das Kreuz schaut,
muß auch Anteil am Durchbohrten haben:
„Sie werden auf den schauen,
den sie durchbohrt haben."[30]

Das Schauen auf den Durchbohrten
wird für mich
zum Zeichen der Schuld
oder
zum Zeichen der Umkehr.

So brauche ich die Durchbohrungen meines Lebens nicht
zu verschweigen.
Im Blick auf den Durchbohrten
suche ich meine Identität.
Meinen Schatten stelle ich
in den Schatten des Kreuzes.

Versöhnt!

Altar von Hartmut Lieb in der Schwesternkapelle
des Musischen Internates in Hadamar

Karsamstag

Leerer Tag -
abgeräumt.
Freier Tag -
obdachlos.
Es geschieht nichts mehr.

Stein unter dem Kopf -
kalter, schauerlicher Ort -

das Grab.

Sind Gräber eine Atempause für die Sehnsucht? [32]

Fürwahr, der Herr ist an diesem Ort,
und ich wußte es nicht.
Wie schauerlich ist doch dieser Ort,
ist nichts anderes
als Gottes Haus und ist des Himmels Pforte. [32]

Unwiederbringlich?

Karsamstag, einziger liturgiefreier Tag des Jahres. Die Gläubigen scheinen leicht verwirrt, einige beten den Kreuzweg, andere gehen zum Friedhof, um ihrer Toten zu gedenken, für manche von uns ein Ritual, wobei der Tod selbst weit weg zu sein scheint. Für andere von uns ist das Gedenken verbunden mit einem kaum zu ertragenden Trauern, da die Todeserfahrung noch so unmittelbar nah ist, weil wir sie gerade bei einem lieben Menschen durchlitten haben.

In so einem Fall kann an einem solchen Tag alles wieder wachgerufen werden: der Schmerz, die Leere, die scheinbare Sinnlosigkeit, und man lebt wieder durch, daß mit dem Tod eines Menschen eine unwiederbringliche Welt untergeht. Denn in jedem Menschen leben Ereignisse und Erfahrungen, die allein ihn betreffen, die seine ganz persönliche Welt ausmachen und sein Geheimnis bleiben und nun für immer dahin sind. Aber auch seine Welt der Freundlichkeit, des Wohlmeinens, der Liebe, mit der er uns erfreute, und die ihn für uns wertvoll machte, ist erloschen.

Wir finden uns nur schwer damit ab, daß das alles nun vorbei sein soll. Und wenn wir es recht betrachten, ist es eigentlich diese Unwiederbringlichkeit, die uns den Tod so erbarmungslos erscheinen läßt. Dieses endgültige *Aus* macht uns zu schaffen. Ganz eindringlich hat dieses Lebensgefühl einmal der russische Dichter Jewtuschenko beschrieben, indem er sagt: „Wenn ein Mensch stirbt, dann stirbt mit ihm sein erster Schnee und sein erster

Kuß und sein erster Kampf. All das nimmt er mit sich."
Und als Resümee in demselben Gedicht heißt es dann:
„Die Menschen gehen fort, … da gibt es keine Rückkehr.
Ihre geheimen Welten können nicht wieder erstehen.
Jedesmal möchte ich von neuem diese Unwiederbring-
lichkeit hinausschreien."

Wenn ich diese Sätze vom Schreien höre, dann sehe ich
jemand anderen weinen am Grabe seines Freundes,[34] der
auch über den Tod erschüttert ist: Jesus Christus, und ich
höre ihn sprechen: "Ich lebe und auch ihr sollt leben."[35]
Und weiter: "Wer an mich glaubt, hat das ewige Leben."[36]
In der Verbindung mit Jesus Christus gibt es offensicht-
lich etwas, das bedeutender ist als Tod und Leben: eine
feste Zusage, die bei Johannes „ewiges Leben" genannt
wird, etwas, das also nicht erst kommt, sondern das jetzt
schon wirklich ist, das der Glaubende jetzt schon hat.
Also keine Vertröstung auf Kommendes, sondern eine
Wirklichkeit, die wir jetzt schon im Glauben besitzen.
Wenn dieser Glaube richtig verinnerlicht wird, dann trägt
er sich auch durch den körperlichen Tod hindurch, der
dann nicht unwiederbringliches Ende, sondern Durch-
gangsstufe bedeutet, eben nur eine Tür, hinter der das
Leben wartet, ein Leben, von dem wir schon jetzt einen
Vorgeschmack haben können, wenn wir uns auf Christus
einlassen, ganz uns bergen in seiner Liebe und Gnade,
und je tiefer uns das gelingt, desto mehr sind wir im „ewi-
gen Leben" oder, mit den Worten der klassischen Theolo-
gie, „im Himmel". Dieser innigen Verbindung kann dann
der Tod wenig anhaben. So ist unser eigentliches Problem
nicht der Tod, sondern unsere Glaubensschwachheit. Wir

hören zwar all diese Worte von Auferstehung, Hoffnung über den Tod hinaus, ewiges Leben, erhorchen, erlauschen aber nicht, was sie uns sagen. Würden wir das tun, wie es Nelly Sachs sagt: „Preßt, o preßt an der Zerstörung Tag an die Erde das lauschende Ohr und ihr werdet hören, durch den Schlaf hindurch werdet ihr hören, wie im Tode das Leben beginnt"[37], würden wir ein Stück gefaßter mit der Todeswirklichkeit umgehen und wären vielleicht sogar in der Lage, Jewtuschenkos Gedicht umzuschreiben: Die Menschen kommen an, da bedarf es keines Zurück. Ihre geheimen Welten entfalten sich in Gott - das meint nämlich leibliche Auferstehung - und jedesmal möchte ich diese Hoffnung in die Welt hinausrufen.

Zugegeben, in meinem Blick ist die Traurigkeit des alltäglichen Todes und ich muß mir den Vorwurf gefallen lassen, ob ich es mir angesichts eines millionenfachen Todes um uns herum in Kriegen, Verfolgungen und Katastrophen nicht zu leicht mache. Ich nehme das ernst und möchte deshalb noch einmal Nelly Sachs sprechen lassen, die angesichts von Millionen Toten ihres jüdischen Volkes österliche Worte findet, die nicht das Unheil verdrängen, sondern es in der Erinnerung lebendig halten, nicht in Haß, sondern geläutert in Liebe:

„Die Auferstehungen
deiner unsichtbaren Frühlinge
sind in Tränen gebadet.
Der Himmel übt an dir
Zerbrechen.
Du bist in der Gnade."[38]

73

Ostern

Die Knospe öffnet sich,
im Grün der Hoffnung
erwächst der Keim der Fruchtbarkeit.
Im Bild der Mitte:
das gebrochene Brot,
Einbruch des Göttlichen und
Zeichen entgrenzender Liebe.

Tabernakeltür von Hartmut Lieb in der Schwesternkapelle
des Musischen Internates in Hadamar

Osternacht

Zum Wüstenvater Paulus kam einmal ein junger Mann
und fragte ihn: „Sag mir Vater, was ändert sich in mir,
wenn ich mich taufen lasse?" „In wenigen Worten ist das
nicht zu erklären", sagte Paulus, „aber ich will dir ein Bild
geben. Gott hält das reinigende Wasser seiner Gnade in
einem Brunnen bereit. Würdest du jetzt als Ungetaufter
in diesen Brunnen schauen, blickte dir kein Spiegelbild
entgegen, nur eine dunkle Wasserfläche. In der Taufe aber
wird dir Gott einen Namen und ein Gesicht geben, das
dir in neuer Schönheit erstrahlt. Und er wird dich mah-
nen, es in dieser Schönheit zu bewahren."
Gott hält das reinigende Wasser der Taufe für uns bereit.
In der Taufe werden wir Töchter und Söhne Gottes, Brü-
der und Schwestern Christi und alle zusammen Geschwi-
ster im Glauben. Das geschieht durch ein bestimmtes
Zeichen. Uns wird Wasser über das Haupt gegossen und
es werden die Worte über uns gesprochen: „Ich taufe dich
im Namen des Vaters und des Sohnes und des Hl. Gei-
stes". Reingewaschen, wie dieser Ritus sehr schön zeigt,
empfangen wir die Gnade Gottes und die Vergebung der
Sünden. Das ist eine Zusage, die uns froh stimmt. Das ist
aber auch Provokation, Provokation nach innen wie nach
außen. Möchte ich überhaupt jedermanns Bruder sein?
Möchte ich überhaupt, daß die Unterschiede verwischt
werden? Oder ist es mir nicht lieber, wenn der „liebe
schwarze Bruder" in Afrika bleibt?
Um diese Provokation zu bestehen, bedarf es eines tiefe-
ren Verständnisses, das uns nahegebracht wird durch eine

Taufhandlung aus der Frühzeit der Kirche. Die Menschen stiegen in ein Wasserbecken, dem sogenannten Baptisterium und wurden mit denselben Worten ins Wasser hineingetaucht und wieder emporgehoben. Das verdeutlicht, daß wir auf Jesu Tod und Auferstehung getauft sind, daß wir hineingenommen sind in diese Hingabe Christi zur Rettung der Menschen und damit einen Auftrag haben, alle Grenzen in der Entgrenzung der Liebe zu überwinden und auch dem Bruder zu sein, der von der Welt ausgegrenzt wurde. Und wenn wir so unserem Egoismus sterben, werden wir mit Christus auferstehen - heute schon, aber ganz bestimmt am Ende der Tage.

Taufe bedeutet, aus diesem Geist zu leben und teilzuhaben an der Gemeinschaft derer, die sich diesem Geist Christi verpflichtet fühlen. Das macht die dritte Form der Taufspendung eindringlich klar: die Besprengung mit dem Taufwasser. Daran erinnern wir uns immer wieder, wenn wir uns zu den verschiedensten Anlässen mit Weihwasser besprengen. In der Taufe werde ich bei meinem Namen gerufen. Das bedeutet, daß Gott mich in Dienst nehmen will. Aber bevor er etwas von mir fordert, sagt er mir, daß ich geliebt bin, daß ich einmalig bin, daß es mich kein zweites Mal gibt und ich ihm mehr wert bin als alles Gold der Erde. In den Augen Gottes sind wir Töchter und Söhne, und das kann uns niemand mehr nehmen. Das soll uns in der Taufe gesagt werden: Wir haben ein Gesicht, wir sind wer. Sorgen wir dafür, daß wir uns an „den blendenden Glanz des Heils"[39], der über uns herabgestiegen ist, wie Hildegard es nennt, erinnern oder, wie die Fabel mahnt: „es in dieser Schönheit bewahren".

In diesen Tagen

In diesen Tagen sind wir Zeugen des Todes Christi gewesen und damit Zeugen eines Geschehens, das in unseren Erfahrungsbereich hineinpaßt. Wir erleben den Tod von Menschen um uns herum, und uns wird mit jedem Tag Leben deutlicher, daß auch wir ihm einmal selbst begegnen. Wir kennen also diese Nacht der Welt, die mit unserer Todverfallenheit gegeben ist. Vielleicht bäumen wir uns gar dagegen auf, wie es ein Kreuz in Emmerich am Niederrhein eindrucksvoll vermittelt: ein Kreuz aus Schrott und Abfallprodukten, mit roter Farbe übergossen, ein einziger Aufschrei! Vielleicht reagieren wir aber auch ganz anders und finden uns einfach mit der Todeswirklichkeit ab, wie die Frauen am Grabe. Ihre Liebe war groß, aber sie galt einem Toten, sie wollten dem toten Jesus die Ehre geben. Er war für sie unwiderruflich tot, zur Erinnerung, zur Vergangenheit geworden. Für die Zukunft hatten sie nicht mehr zu erwarten. Der Stein am Grabe als Zeichen des Unwiderruflichen, als Zeichen der unüberschreitbaren Grenze.

Gibt es ein Jenseits dieser Grenze? Die Frauen suchen eine Antwort, sie suchen aber verkehrt, sie suchen Jesus bei den Toten, aber dort ist er nicht zu finden. Deshalb die konsequente Zurechtweisung des Engels: „Ihr sucht Jesus den Gekreuzigten, er ist nicht hier."[40] Jesus ist nicht begriffen, wenn ich den Gekreuzigten, wenn ich den Toten sehe, wenn ich meinen Blick stur auf das Grab gerichtet halte. Die Grabeswirklichkeit umgreift das ganze Christusgeschehen nicht, es ist das Neue, dieses

„der Herr lebt", dieses „er ist auferstanden", was die umgreifende Wahrheit darstellt. Diese große Wende gilt es zu begreifen. Gott selbst greift ein in diese, unsere, vom Tod gebannte Welt und führt mit diesem ersten Menschen, der diese Grabesgrenze überwunden hat, eine neue Welt herauf, die nicht mehr vom Tod eingeholt werden kann. In dieser neuen Welt, die nur im Glauben erfahrbar ist, muß der Gekreuzigte gesucht werden.

Auferstehung ist nur dem Glaubenden verständlich und zugänglich und setzt beim Gekreuzigten an. Kreuz und Auferstehung gehören zusammen. Die Frauen suchten den Gekreuzigten im Grabe, fanden aber durch Gottes Eingreifen - Engel - zum Glauben an den Auferstandenen. Gott selbst ist es somit, der vom Grabe weg weist auf die Begegnung mit dem Auferstandenen hin, jene Begegnung, die am Anfang des ganzen Christusgeschehens in Galiläa stattfinden soll. „Er geht euch voraus nach Galiläa, dort werdet ihr ihn sehen."[41] Sie sollten nicht stehenbleiben bei der Grabeswirklichkeit, sondern sich aufmachen im Glauben, bevor sie Zeugen der Auferstehung würden.

Es gilt also nicht nur, stummer Hörer der Osterbotschaft zu sein, die Osterbotschaft drängt zum Zeugnis. Die Welt kennt den Tod, er liegt in ihrem unmittelbaren Erfahrungsbereich, ihn ordnet sie so oder so für sich ein. Der Auferstehungsgedanke ist ihr eher fremd geworden und muß von Glaubenden bezeugt werden, nicht im primitiven Sinne als einfaches *Wiederlebendigwerden*, im Sinne eines oberflächlichen *er ist wieder da*, nein in dem Sinne, daß er eingetreten ist in eine neue, andere Welt, die Gott eröffnet und die er für alle Menschen seit diesem Eintritt Jesu offenhält, in der das alte Lied von Sünde, Leid und Tod ein Ende hat. Das bedeutet Ostern, daß Gott die Welt vor das Ende ihrer Möglichkeiten stellt, deren letzte Möglichkeit der Tod ist, und anfängt, uns seine rettende Welt zu zeigen, deren letzte Möglichkeit Leben heißt. Dann ist die Nacht der Welt vorbei und ein neuer Morgen beginnt in Christus, der uns zuruft: „Ich lebe und auch ihr sollt leben."[42]

Das ist unmöglich!

„Das hat es noch nie gegeben!" so sagen wir, wenn einer ganz anders denkt, wenn einer mit neuen Ideen daherkommt. „Unmöglich, das geht nicht!" wehren wir ab, um in demselben Augenblick großspurig zu sagen: „Nichts ist unmöglich!"

Es gibt Ereignisse, die passieren nur deshalb, weil keiner gedacht hat, sie könnten tatsächlich passieren. Denken wir an den Fall der Mauer vor Jahren, denken wir aber auch an positive wie negative Ereignisse in unserem kleineren Bereich, eine große Liebe oder deren Verlust, eine unerwartete berufliche Chance oder den Verlust des Arbeitsplatzes, überraschende Gesundung oder schwere Krankheit. Die Beispiele lassen sich beliebig vermehren.

Wir haben erfahren, im Letzten wissen wir nicht, was möglich, was unmöglich ist. Wie aber gehen wir damit um? Von den sogenannten Realisten wird der als Spinner, Träumer und Unkenrufer abgetan, der sich nicht mit dem naheliegenden Möglichen zufrieden gibt: zum Beispiel Maria und Johannes, die bis unter dem Kreuz durchhalten, während alle anderen sich davongemacht haben, zum Beispiel die Frauen, die angesichts des leeren Grabes Jesu glauben, daß er lebt, und von den Jüngern zunächst befremdet angeschaut werden. Die Jünger, die nach kurzem Zaudern dann selbst aber das „Unmögliche" glaubten. Sie alle haben Gott das Unmögliche zugetraut, und so gilt seit Ostern: „Nichts ist bei Gott unmöglich."

Seit diesem Tag gilt: wer das Unmögliche für möglich hält, der wird beweglicher, der wird offen für alles, was bisher undenkbar war, und er findet sich besser zurecht mit allem Neuen. Ja, er wird sogar neugierig auf das Kommende, auf neue Ideen, neue Menschen, neue Arbeitsplätze und damit neue Möglichkeiten für sich und sein Leben. Er traut sich und seinen Mitmenschen mehr zu, mehr noch, er traut Gott mehr zu.

Ich will nicht realitätsfremd erscheinen oder vielleicht sogar herzlos, wenn ich den Anschein erwecke, über Ihre derzeitigen Sorgen, Unsicherheiten und Befürchtungen hinweg zu schwärmen. Ich möchte Sie einfach nur ein Stück trösten mit dem Wort Alfred Delps: „Wir dürfen die Dinge nicht daran scheitern lassen, daß wir sie Gott nicht zugetraut haben." Gott ist immer wieder der über-raschend ganz andere. Und ich bin fest davon überzeugt, daß die Dinge aufs Ganze gesehen loslaufen und daß alles seinen tiefen Sinn hat, den wir zugegebenermaßen heute noch nicht kennen, aber seit Ostern erhoffen dürfen, als aus dem Tod das Leben erstand.

Aber vielleicht müssen wir auch nicht sofort so hoch greifen, manchmal ist die Zeit nicht weit, wo wir schon sehr bald erkennen, wie die Dinge von heute, die uns schwer werden, ihren Sinn bekommen, und wir sagen: Gut, daß das so gekommen ist, ich hätte das und jenes nie gesehen oder erlebt und bin vor dem oder dem bewahrt worden. Trauen wir doch Gott einfach dieses „Unmögliche" zu, weil er es letztlich gut mit uns meint und weil seit Ostern auch im Tode das Leben beginnt.

Ausblick

Nach der Betrachtung des Zentralgeheimnisses unseres Glaubens kann ich nicht einfach zur Tagesordnung übergehen, ohne zu fragen, was ich mit dem im Mitgehen und Meditieren Gewonnenen anfange. Nach Lk. 9,57-62 ruft Jesus in die Nachfolge, und die ist radikal. „Die Füchse haben ihre Höhlen und die Vögel ihre Nester, der Menschensohn hat aber keinen Ort, wo er sein Haupt hinlegen kann." Nachfolge bedeutet nach diesem Evangelium die zu allem bereite Fügsamkeit bis zum Verlassen der Heimat. Heimat ist da, wohin man sein Haupt legen kann, und ist geprägt von der Pietät gegen Vater und Mutter, ist Geborgenheit bei denen, die zu Hause sind, ist dort, wo wir unsere Toten begraben. Nachfolge Jesu ist ein Stück Abschied nehmen und verlangt ein Stück Heimatlosigkeit. Das haben manche „*Verkünder*" heute vergessen. Goethe sagt: „In jeder Trennung liegt ein Keim von Wahnsinn; man muß sich hüten, ihn nachdenklich auszubrüten und zu pflegen." Jesus verlangt diese Trennung, ohne langes Abschiednehmen, das letztendlich hindert und lähmt: „Keiner, der die Hand an den Pflug gelegt hat und nochmals zurückblickt, taugt für das Reich Got-tes."[43] Er verlangt die Verkündigung seines Wirkens, Sterbens und Auferstehens ohne *Wenn* und *Aber*. Mit seiner Botschaft unterwegs werden wir nicht festgelegt sein und werden hoffentlich etwas von dem erleben, was ein afrikanischer Christ auf die Frage, warum Jesus ausgerechnet Fischern das Evangelium anvertraut hat, antwortete: „Wer sich zu Land bewegt, bahnt sich zunächst einen Weg, dann baut er eine Straße und asphaltiert sie. Dann wird er immer wieder diesen Weg benutzen, die Straße ist ja dazu gebaut. Ein Fischer hingegen, der sich zu Wasser bewegt, baut dort keine Straßen, die er asphaltieren kann, sondern er sucht die Fische dort, wo sie sind. Deshalb wiederholt er nicht seinen Weg von gestern, sondern sucht jeden Tag einen neuen. Ihm kommt es darauf an, die Fische ausfindig zu machen. Es kann ja sein, daß der Weg von gestern nicht zu den Fischen von heute führt."

Lieber Leser, ich wünsche Ihnen, entdecken Sie neue Wege, die Wege von gestern sind nicht unbedingt die Wege von heute. Ich wünsche Ihnen Glück dazu und ein hoffentlich von reichen Fängen gesegnetes Leben.

Freiheit

Geh und nimm die Hand vom Pflug,
Laß die Stiefel im Lehm
Und fliehe barfuß.

Schau nicht zurück auf die brennende Stadt,
Laß den Plunder im Feuer
Und steig auf den Berg.

Halt dich nicht auf mit Nichtigkeiten,
Meide die Krämerläden
Und suche das Meer.

Mache dich auf in die Freiheit
Und wirf auch noch den Mantel fort.
Laß deine Seele mit IHM in der Wolke ziehn.

Anmerkungen

[1] Schaper, Edzard, *Die sterbende Kirche*. Freiburg 1948, S. 27

[2] Sachs, Nelly, *Fahrt ins Staublose, Gedichte*, Frankfurt 1988, *S. 148*

[3] Hiob 42,5

[4] Sachs, Nelly, *Fahrt ins Staublose, Gedichte*, Frankfurt 1988, S. 27

[5] Benn, Gottfried, *Ein Wort*, in: Echtermeyer, von Wiese, *Deutsche Gedichte*, S. 611

[6] Mk. 9,23

[7] Eph. 6,16

[8] Mt. 27,46b

[9] Lk. 22,32

[10] Von Hofmannsthal, Hugo, *Das Salzburger große Welttheater*, Frankfurt 1990, S. 42

[11] Liturgie des Aschermittwoch

[12] Sachs, Nelly a.a.O., S.148

[13] Buber, Martin, *Ich und Du*, Köln 1966, S.92

[14] Lk. 22,42

[15] 1.Kor. 10,16f.

[16] Lk.22,27

[17] 1Kor. 11,26

[18] Meier, Christel, *Vergessen, Erinnern, Gedächtnis im Gott-Mensch-Bezug*, in: Fromm H., Harms, W., Ruberg, U., Verbum et Signum I, Festschrift F. Ohly, München 1975, S.184

[19] Is. 1,3

[20] Lk.22,19b

[21] Joh. 3,16

[22] Is 49,15

[23] zitiert nach Hahn, Friedrich, *Moderne Literatur im kirchlichen Unterricht*, München 1963, S. 98f.

[24] Mt. 8,20

[25] Mt 27,46

[26] vgl. Joh. 2,1ff.

[27] Joh. 12,24

[28] vgl. 2 Kor. 11,8f.

[29] Röm. 6, 8

[30] Joh. 19,33-34

[31] Sacharja 12,10; Joh.19,37

[32] Domin, Hilde, Hrsg., *Nelly Sachs, Gedichte,* Frankfurt 1977, S. 60

[33] Gen. 28,16-17

[34] Joh. 11,35-39

[35] Joh.14,19

[36] Joh.11,25

[37] Domin, Hilde, a.a.O., S.17/18

[38] Domin, Hilde, a.a.O. ,S. 132

[39] Schmidt, Margot, *Hildegard von Bingen als Lehrerin des Glaubens,* in: Hildegard von Bingen, Festschrift zum 800. Todestag der Heiligen, hrsg. von Anton Ph. Brück, Mainz 1979, S.135

[40] Mk.16,6

[41] Mt. 28,7be

[42] Joh.14,19

[43] Lk.9,62

Weitere im Glaukos Verlag erschienene Bücher
von *Franz Voß*:

Wenn du meinen Weg kreuzt

Meditationen zum Kreuzweg Jesu, nach Bildern von
Werner Persy, Limburg 1998, 64 Seiten

ISBN 3-930428-03-2   26,80 DM

*„Erstmals werden die Bilder eines Kreuzweges des Trierer
Künstlers Werner Persy in begleitenden Meditationen vorge-
stellt... Die Texte sind kurz und schlüssig und greifen jeweils
nur einen Schwerpunkt heraus. Die Meditationen lehnen
sich in ihrer sprachlichen Gestaltung bewußt an das Holz-
schnitthafte der Kreuzwegbilder an, denn der Meditierende
soll die Möglichkeit haben, sich im Staunen, Verweilen und
Betrachten auf die Bilder Persys einzulassen, um zu erfah-
ren, daß der christliche Gott ein mitgehender Gott ist, der
sich auf die Leiden der Menschen einläßt“.*

Der Sonntag

Den Weg der Hoffnung gehen

Texte der Ermutigung, Limburg 1999, 88 Seiten

ISBN 3-930428-05-9   12,80 DM

„*Kurztexte des Diplomtheologen und Direktors des Musi-schen Internates der Limburger Domsingknaben in Hada-mar, in denen er auf meditative Art und Weise den Alltag der Menschen durchdringt und dabei den liturgischen Jah-reskreis im Auge hat. So sind anregende Stücke einer kleinen Theologie des Alltags entstanden, die Mut machen können und die religiösen Aspekte alltäglicher Existenz erschließen.*"

Publik-Forum

EMIL HERRMANN
WEGE ZU DENKEN
oder
der Versuch auf philosophische Weltanschauungen sich einen Reim zu machen

ISBN 3-930428-09-1   1999, 256 Seiten, Leinen   49,80 DM

Der Autor, von Hause aus Mathematiker, geht in diesem erstaunlichen Werk den Hauptfragen und -strömungen der abendländischen Philosophie- und Geistesgeschichte auf ungewöhnliche Art nach: in nahezu 7500 Versen. Mit dieser Arbeit, geschrieben nach dem Ende des Zweiten Weltkrieges, stellt sich der Verfasser den bedrängenden Fragen menschlicher Existenz. Die Antworten, die Emil Herrmann in Diskursen bedeutsamer weltanschaulicher Entwürfe findet, werden dem Leser so vermittelt, daß sie Anstöße sind, über Sinn- und Wertfragen des Daseins neu nachzudenken.

„Das Werk des Autors (1886-1966) mit dem Untertitel »Versuch, auf philosophische Weltanschauungen sich einen Reim zu machen« reimt auf 248 Seiten die gesamte Geistesgeschichte der Welt. Weil das klug und geistvoll geschieht, legt der Leser das anfängliche Zögern bald ab und gibt sich mit Vergnügen der Lektüre hin. Ein bißchen Kenntnis muß er freilich mitbringen. Je mehr er hat, desto vergnüglicher liest er. Kein Name fehlt. Das Namensverzeichnis S. 250-255 reicht von Alfred Adler, Agrippa und Albertus Magnus bis zu Voltaire, August Weismann und Wilhelm Wund".

Prof. Dr. E. W. Funcke

GLAUKOS VERLAG
65549 Limburg/Lahn · Frankfurter Straße 77
Telefon und Fax 0 64 31 / 4 15 89
www.glaukos-verlag.sapereaude.de